엄마가 좋아하는 만화

프롤로그

우리는 현재 기술의 발달로 인터넷, 휴대폰, SNS 등을 통해 세계 여러 나라 사람들과 소통할 수 있는 시대에 살고 있습니다. 하지만 이러한 편리함 속에서 정작 우리 주변의 따뜻하고 진정한 소통은 줄어들고, 비판과 비난은 늘어나고 있습니다. 각자의 휴대폰에 갇혀 오히려 소통이 단절되어 외로움의 시대를 살고 있는 것이 사실입니다.

과연 진정한 소통이란 무엇일까요?
서로의 마음을 진정으로 나누고, 믿음을 바탕으로 자신의 속 이야기를 꺼내며,
서로의 아픔과 상처를 이해하고 위로할 수 있는 것이 아닐까요?

이 작품은 공동체와 가족의 이야기를 통해 세대를 아우를 수 있는 소통의 의미와 가치를 전달하고자 합니다. 또한 작품 속 만화 제작 과정을 통해 어린이 독자들에게 간접적인 만화가 체험의 기회를 제공하고자 합니다.

더불어 우리나라 시골의 아름다운 자연 풍경을 수채화 형식으로 표현하여 심미적인 힐링의 경험을 선사하고자 합니다. 주변을 돌아보고, 자신의 생각과 고민을 나누며, 조금 더 따뜻한 시선으로 세상을 바라볼 수 있는 경험이 필요한 어린이 독자들에게 새로운 장을 열어주고자 이 작품을 기획하고 제작하였습니다.

엄마가 좋아하는 만화

글·그림 홍경원

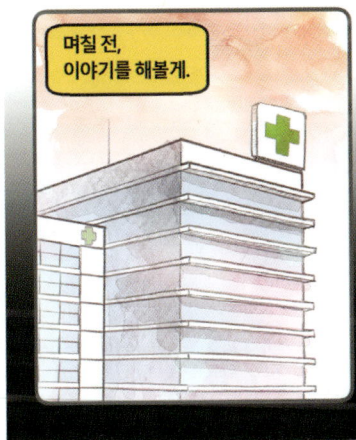

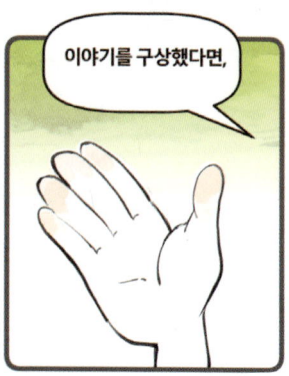

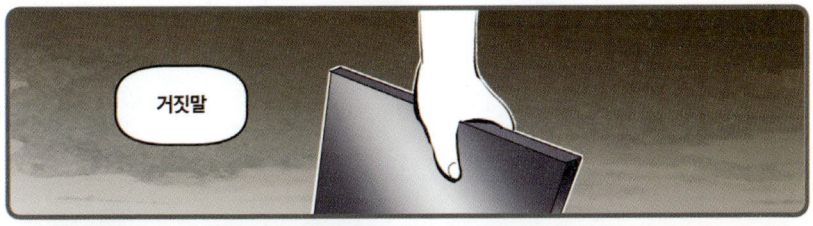

괜찮아.

그동안 네가 가장 힘들었잖아.

이렇게 알아준 것만으로 우리는 괜찮아.

솔직한 너의 모습 잊지 말고 앞으로 힘내!

엄마가 좋아하는 만화

초판 1쇄 발행 2024년 09월 09일

글·그림 홍경원
펴낸이 류태연

펴낸곳 렛츠북
주소 서울시 영등포구 문래북로 116, 1005호
등록 2015년 05월 15일 제2018-000065호
전화 070-4786-4823 | **팩스** 070-7610-2823
홈페이지 http://www.letsbook21.co.kr | **이메일** letsbook2@naver.com
블로그 https://blog.naver.com/letsbook2 | **인스타그램** @letsbook2

ISBN 979-11-6054-722-1 03810

* 이 책은 저작권법에 따라 보호를 받는 저작물이므로 무단전재 및 복제를 금지하며,
  이 책 내용의 전부 및 일부를 이용하려면 반드시 저작권자와 도서출판 렛츠북의
  서면동의를 받아야 합니다.
* 잘못된 책은 구입하신 서점에서 바꾸어 드립니다.